El conejo mágico

El conejo mágico

Annette LeBlanc Cate

Intermón Oxfam

Dirección de la colección: Cristina Concellón

Coordinación de la producción: Elisa Sarsanedas

Título original: *The Magic Rabbit*, 2007

Publicado con el acuerdo de Walket Books Ltd, 87 Vauxhall Walk, London SE11 5HJ

Todos los derechos reservados

© texto e ilustraciones: Annette LeBlanc Cate, 2007

© traducción: Fina Marfà, 2008

© de esta edición: Intermón Oxfam, 2008

1ª edición: septiembre 2008

ISBN: 978-84-8452-563-9

Impreso en China

Impreso en papel exento de cloro

Para papá y mamá

La magia de

EGIPTO

El maravilloso
Ray

Ray y Tabi vivían juntos en un pequeño piso en la ciudad. Eran compañeros de trabajo. Ray era mago y Tabi era su fiel ayudante.

MATERIAL PARA EL ESPECTÁCULO

Además, eran muy amigos. Todo lo hacían juntos.

Todos los sábados, Ray y Tabi iban a ofrecer su espectáculo al centro de la ciudad. Pero un sábado en que la calle estaba más llena que de costumbre, justo cuando Ray pronunciaba las palabras mágicas y Tabi tenía que salir del sombrero en medio de una explosión de brillantes estrellas...

La escena se convirtió en un lío tremendo de pelotas y estrellas, de prestidigitador y mago, de sombrero y... –¿Tabi? ¿Tabi, dónde te has metido? –gritó Ray.
El sombrero estaba vacío. ¡Tabi se había ido!

Mientras, el perrito del prestidigitador perseguía a Tabi por la acera, ¡y se dirigían directamente hacia la calle llena de vehículos!

Tocaron las bocinas de los coches, sonaron los timbres de las bicicletas.

Todos gritaban al ver al conejito
esquivando vehículos a diestro y siniestro.

Por fin, Tabi consiguió llegar
al otro lado de la calle. Ahora
estaba a salvo.

Pero ¿dónde estaba Ray? Lo único que Tabi veía eran piernas y zapatos. Quizás si los seguía, encontraría a Ray. Los zapatos le llevaron hasta un bonito parque, donde crecía un césped verde y fresco. Era el lugar ideal para un conejo, lleno de ardillas con las que jugar y de migas de bocadillos y pasteles para masticar. Pero ni rastro de Ray.

El sol se fue ocultando, y con él
también la gente fue desapareciendo.
Tabi se encontró solo en la oscuridad.

Tabi siguió andando por la calle vacía, pensando en Ray y deseando encontrarse en casa, con la cena lista, ante la pequeña mesa que compartían en la cocina.

Las personas que pasaban por la calle se apresuraban para llegar a casa y cenar. Nadie se paraba, ni parecía que se fijara en la presencia de un conejito perdido.

Tabi siguió hacia adelante dando saltitos hasta que entró en un callejón oscuro para descansar un poco. Estaba cansado, tenía hambre y echaba mucho de menos a Ray. Una lágrima le resbaló por el pequeño hocico, que se arrugó en una mueca. Entonces... el hocico volvió a arrugarse. Tabi olió algo bueno para comer.

¡Eran palomitas de maíz, su comida preferida!
Tabi se fue directamente hacia las palomitas. Mientras las masticaba, vio algo que brillaba entre las blancas bolitas. ¡Eran unas estrellas brillantes! ¡Y había muchas!

Tabi se puso a seguir las
estrellas por el callejón...

Después por la calle más ancha...

Subió una cuesta...

Bajó unas escaleras...

Y entró en una estación de metro, hasta...

¡Hasta su mismísimo sombrero!

El último tren abandonó la estación.

En el andén sólo quedaron un mago y su ayudante, un conejito.

Pero a los verdaderos amigos no les importa volver a casa andando.